عن التحالف المسيحى اليهودي

ممدوح الشيخ

الكتاب: عن التحالف المسيحي اليهودي

المؤلف: ممدوح الشيخ

يعد تعبير **"التحالف المسيحي اليهودي"**، أحد التعبيرات الشائعة في خطابنا الفكري العربي، ويستخدم لوصف أحد جوانب العلاقة الخاصة التي تـربط الكيـان الصـهيوني بـالغرب، وبخاصـة الولايـات المتحدة الأمريكيـة. ويضمر هـذا التعبير أفكاراً ضمنية لعل أهمها أن كلا الطرفين يتصرف ـ بشكل أساسـي ـ انطلاقـاً من المكون الديني في هويته.

وهذه القناعة تستند لمصطلح آخر هو "**التراث اليهودي المسيحي**" الذي شاع في العالم الغربي مؤخراً، وانتقل إلى الكثير من الكتابات العربية التي تتناول الصراع العربي الصهيوني بالتحليل. والمصطلح يعني وجود تراث مشترك بين اليهودية والمسيحية، وأنهما يكوِّنان كلاًّ واحداً.

تحالف غربي أم مسيحي يهودي؟

ينطوي إطلاق القول بوجود هذا التحالف على تجاوز كبير مـا لـم ينظر إليـه فـي إطاره الصحيح كجزء من الظاهرة الغربية، بل إن مزيداً من التدقيق يحملنا على القول بأنه لا يشمل أتبـاع المذهبين الكاثوليكي والأرثوذكسي بشقيهما الشرقي والغربي على السواء.

وعلى حد تعبير خبير الصهيونية المعروف، المفكر الإسلامي الدكتور عبد الوهاب المسيري، فإن الواقع أن مصطلحات مثل **"التحالف المسيحي اليهودي"** تضفي على الصهيونية صبغة عالمية تربطها بالمسيحية ككل، وهو أمر مخالف تماماً للواقع.

إذ ليس هناك صهيونية مسيحية في الشرق. كما أن الكنيستين الأرثوذكسية والكاثوليكية (بدرجة أقل) تعارضان الصهيونية على أساس عقائدي ديني مسيحي.

فهذا التحالف ظاهرة بروتستنتية غربية، تأخذ شكلها الأكثر وضوحاً في التشكيل الحضاري الإنجلوسكسوني البروتستانتى. والمسافة التي تفصل الطوائف المسيحية العربية في مجملها عن مثل هذا التحالف أكبر، بل إن أوائل المعادين

للصهيونية بين عرب فلسطين كانوا من العرب المسيحيين، وأول مفكر عربي تنبأ بأبعاد الصراع العربي/ الصهيوني وبمدى عمقه هو المفكر المسيحي (اللبناني الأصل الفلسطيني الإقامة) نجيب عازوري. فهذه الطوائف أكثر بعداً عن أن ترتبط بعلاقة تحالف مع اليهودية أو اليهود، حيث الحواجز أكبر ومساحات الخلاف أوسع.

وتتدخل عوامل عديدة في صياغة العلاقة بين اليهود وأتباع المذاهب المسيحية المختلفة، فالأرثوذكس الغربيون تأثر موقفهم إلى حد كبير بالمركب الأرثوذكسي السلافي الذي يتبادل فيه "العِرق"، والمذهب الديني تأثيرات عميقة تجعل التحالف مع اليهود أمرا شديد الصعوبة، بالنسبة لتشكيل حضاري شديد الحساسية للآخر الديني والمذهبي والعرقي على السواء.

بينما نجحت الحركة الصهيونية في إحداث تغييرات ملموسة في العلاقة مع الفاتيكان، ربما بسبب نزوعها الكوني، ككنيسة كانت ذات يوم رأس المسيحية في بلدان مختلفة، وهو ما جعلها تغلب عالميتها على الارتباط بأي جنس أو تشكيل حضاري. وهي في هذا أقرب للبروتستانتية من الأرثوذكسية.

وتعد محاولة تيودور هرتزل الحصول على تأييد الفاتيكان للمشروع الصهيوني من المحاولات المبكرة لبناء جسور يهودية مع الفاتيكان، وعندما التقى البابا (بيوس العاشر آنذاك) فتح البابا ملف العداء التاريخي بين المسيحيين واليهود قائلاً:

"هذا مستحيل.. ..وكيف أدعم قيام وطن لليهود وهم الذين لم يكتفوا بعدم الاعتراف بالمسيح، بل نصبوا الصليب لقتله؟".

وعقب نشأة الكيان الصهيوني بذلت جهود غربية مكثفة، كان أغلبها سياسياً، بهدف التأثير في موقف الفاتيكان من الصراع التاريخي بين اليهودية والمسيحية على نحو يسمح ببناء تحالف بينهما، وهو ما استمد قوة دفع كبيرة من رغبة الفاتيكان، وبخاصة في النصف الثاني من القرن العشرين، في لعب دور سياسي عالمي.

وفي مرحلتها الأولى واجهت تلك الجهود مقاومة شديدة من بعض الاتجاهات داخل الفاتيكان، الأمر الذي نتج عنه انشطار المجمع المسكوني **"الهيئة الكنسية الأعلى في الفاتيكان"** إلى أكثر من كتلة، فتَبنَّى قسم منه فكرة صياغة وثيقة تبرئة لليهود من دم السيد المسيح عليه السلام، وتبنى قسم آخر موقفا معارضا عبر عنه من خلال

رد عنيف أصدره في صيغة كتاب ضخم حمل عنوان **"مؤامرة على الكنيسة".**

وأدى صدور الوثيقة التي تنص على تبرئة اليهـود مـن دم المسـيح إلـى إخضـاع المفـاهيم المسيحية للإملاءات اليهودية، حيث ورد فيها أن اليهود ليسوا وحدهم المسؤولين عن صلب المسيح، ولذا فلا يتحمل أحفادهم مسؤولية ما فعله الآباء.

وترتـب علـى ذلـك تـدخل فـي نصـوص الصـلوات والكتـب المسـيحية الكاثوليكيـة، فحـذف منها سائر ما يتعرض لليهود من اتهامات، رغم سريان مفعول هذه المفاهيم لقرون عديدة.

الإرث الروحى المشترك

في عــام 1965 أصــدر المـؤتمر الثــاني للفاتيكان وثيقة أخرى نصت على "الإرث الروحي المشترك"، وأعلنت أن موت المسيح عليه السلام لا يمكن أن يلام عليه كل اليهود بلا تمييز، كما لا يمكن أن يطبق على يهود اليوم، وهذه التنازلات

تقدم على حساب المفاهيم العقيدية المسيحية هي الأخطر في تاريخ المسيحية.

فقد اتسعت قائمة التبرئة حيث شملت سائر أجيال اليهود، ولم تعد العملية مقتصرة على حذف بعض العبارات واستبدالها بعبارات أخرى، بل أصبحت تشير إلى دمج اليهودية وتعاليمها الحالية بالنصرانية وتعاليمها الحالية بدءً بالصلوات وانتهاء بالمواد الدراسية، ثم تجاوزت الجوانب التي يمكن تسميتها بالاستثنائية لتصل إلى صميم العقيدة المسيحية، عامدة إلى اعتماد الرؤية اليهودية حيال السيد المسيح، حيث أقرت تلك الوثيقة بسلخ السيد المسيح عن مسيحيته ووصفه بـ **"اليهودي إلى الأبد".**

وفي السنوات التي تلت هزيمة الخامس من يونيو عام 1967، شهدت الحركة الصهيونية حالة

من المد في مختلف دول الغرب، وسعت إلى استثمار الانتصار العسكري الصهيوني الذي وضع يدها على مدينة القدس كلها.

وهو متغير مهم في علاقتها بالمذاهب المسيحية كافة، فمن يسيطر بالفعل على المدينة المقدسة يكون في موقف قوي أي كان رأي هذه المذاهب في عقيدته. وقد نشرت جريدة **نيويورك تايمز** الأمريكية في الحادي عشر من ديسمبر عام 1969 أن وثيقة هامة اعتمدتها أمانة الفاتيكان تتناول العلاقات بين الرومان والكاثوليك واليهود تنص على زيادة العلاقات بين الفريقين. وضمن ذلك "**الصلوات المشتركة**".

وفي خطوة لاحقة سعت الأوساط الكنسية في الولايات المتحدة الأمريكية إلى تحويل الوثيقة لدستور عمل في العلاقات المستقبلية بين اليهودية

والمسيحية. وأعلنت أمانة المطارنة الأميركيين للعلاقات الكاثوليكية/ اليهودية بأنه لا حاجة إلى المزيد من العمل الرسمي حتى يتم تعميم الوثيقة، التي تعد إطاراً عاماً لبرنامج شامل لتحسين العلاقة مع اليهود، على كل من يهمه الأمر في العالم.

وتتمثل خطورة هذه الوثيقة في مطالبتها الصريحة الكاثوليك بالاعتراف بالأهمية الدينية لـ **"دولة إسرائيل"** لليهود، وأن عليهم أن يفهموا الرباط بين الشعب والأرض معاً، الأمر الذي يعني انتصاراً حاسماً للاتجاهات الصهيونية داخل اليهودية نفسها، وإدخال الأرض **"فلسطين"** ضمن دائرة العقيدة اليهودية.

وهو انتصار للتيارات التفسيرية الحرفية التي شكلت صلب الإصلاح البروتستنتي. وكأن

الكنيسة أعادت الاعتبار، ولو ضمناً، لعدوها اللدود مارتن لوثر بعد أن رفضته لقرون!.

وما زالت التيارات الصهيونية تطمح إلى مزيد من التأثير في الموقف الكاثوليكي التقليدي من اليهـود واليهوديـة، وصـولاً إلـى إدخـال الكنيسـة الكاثوليكيــة الرومانيــة "**الفاتيكـان**" طرفـاً فـي التحالف اليهودي/ الإنجلوسكسوني البروتستنتي .

وحسـب جريـدة **العهد** اللبنانيـة <u>**(14 رجب 1418 هــ ــ صــ 17)**</u>، فـإن جريـدة **سـلفاتوري رومانو** الناطقة باسم الفاتيكان، نشرت مطلع العام 1998 أن العمـل يجـري علـى قدم وسـاق (آنـذاك) لإنجاز وثيقة تحمل عنوان: "**جذور العداء لليهود في الوسط المسيحي**"، ستكفل حذف النصوص

الدينيـة المعاديـة لليهـود فـي الأناجيـل **"العهـد الجديد"**.

وقـد سلمت الوثيقـة إلـى لجنـة عليـا فـي الفاتيكـان مـن أجـل مراجعتهـا وإصدار حكـم ثـان بشـأن تعديـل الأناجيـل قريبـاً. وسـوف يعقـد مؤتمـر خــاص لإعـلان التوبـة لليهـود الـذين ظلمهـم المسيحيون، وسـيراجع هـذا المؤتمر، ويعدل، عدة نصوص فـي العهـد الجديد لتحاملهـا علـى اليهـود، كمـا سـيتم إدخـال تعديـلات علـى نصـوص فـي إنجيلـي **"متـى"** و **"بولس"** وقصـة الحواريين برمتها.

وسـيعقب ذلك مؤتمر ثان هدفه طلب الصفح والغفـران مـن اليهـود، وهـذه التوبـة يجـب أن تكـون شـاملة وفردية وجذرية حتـى لا يفلت منها مسيحي.

الجذور الفلسفية للسامية

وعلى عكس حالة الشد والجذب والانقسام في المعسكر الكاثوليكي، يبدو المشهد الإنجلوسكسوني البروتستنتي أكثر تناغماً مع فكرة التحالف الوثيق مع اليهودية، وبخاصة التيارات الصهيونية فيها.

ويعتمـد الأصـوليون البروتستانت فـي استقطاب أنصارهم على فكرة راسخة في الضمير المسيحي الغربي هي ضرورة وجود عدو للمسيح، وتستمد هذه الفكرة قدرة كبيرة على التـأثير مـن المناخ الإعلامي السائد الذي يحاول أن يكون هناك دائما "عدو".

وثمـة قائمـة طويلـة مـن الأشخاص الـذين وصفوا بأنهم أعداء للمسيح، وتضم القائمة:

هتلر

موسوليني

ستالين

جورباتشوف، وآخرين .

وحسب أحد دعـاة الأصولية البروتستنتية، فـإن قيـام الاتحـاد الأوروبـي ومـا تـلاه عـودة ثانيـة

للإمبراطورية الرومانية، ودليل على صدق الكتاب المقدس. ومـن الأفكـار الرئيسـة أيضـا لـدى الأصوليين فكرة "**الميلاد الثاني**" وهي تجربـة شخصية أكثر من كونها مفهوماً محدداً، ومن أشهر المؤمنين بعقيدة الميلاد الثاني:

جيمي كارتر

رونالد ريجان

النائـب العـام المسـتقل كينيـث سـتار محقق فضيحة مونيكا.

وقـد وصـف مـا يقـرب مـن نصـف سـكان الولايات الجنوبية أنفسهم في استطلاع رأي أجري عام 1986 بأنهم مسيحيون مولودون ثانية.

والوثيقة الأكثر أهمية لهذه الحركة هو "إنجيل سكوفيلد"، وقد نُشِر للمرة الأولى عام 1909، ووزع ملايين النسخ.

ويرى أتباع سكوفيلد "القدريون" أنه رأى الحياة كلها من البداية إلى الأبدية، ورأى أن كل الأحداث الأساسية متمركزة حول إسرائيل.

ومن بين الاجتهادات المثيرة للجدل لظاهرة التحالف اليهودي البروتستانتي التفسيرات التي تتبناها الكاتبة الأمريكية المعروفة غريس هالسل، التي تعد من أهم من أرخوا للظاهرة وأخضعوها للتحليل.

وفي كتابها "يد الله: لماذا تضحي الولايات المتحدة بمصالحها من أجل إسرائيل" ترصد تطور موقف المسيحية من اليهودية، وهي تنقل عن

دراسة للبروفيسير كيلي إنجرام أستاذ اللاهوت عنوانها "**جذور المسيحية اللاسامية**"، أن الكنيسة الكاثوليكية الرومانية كانت على مدى تاريخها معادية للسامية.

وعلى مدى سبعة عشر قرناً، مارست الكراهية المؤسسة على قضايا عقائدية. ولم يكن مارتن لوثر في موقفه من اليهود واليهودية استثناء إذ أظهر كراهيتهما، لكن نوعاً آخر من التمييز ضد اليهود بدأ يتبلور هو "**السامية الفلسفية**". ويقصد بها النظر لليهود بوصفهم أصحاب دور في خلاص المسيحيين.

وترى غريس هالسل أن السامية الفلسفية عبّرت عن نفسها أيضا من خلال المسيحية الصهيونية. والمفارقة أنها تؤكد أن الأصوليين الأمريكيين بصفة عامة ما زالوا لاساميين، وهي

تهمــة طالمـا حـاول الإعـلام الصـهيوني إلصـاقها بأعـداء الكيـان الصـهيوني، وتفسـر هالسـل هـذه المفارقـة بـأن معظـم الأصوليين كـانوا ينظـرون لليهود نظرة تآمرية حتى قيام الكيان الصهيوني.

وبعد قيامها استمرت لاساميتهم لكن بطريقة مختلفـة، وقـد سـاعدتهم قـدريتهم علـى قبـول هـذا التنـاقض بسـهولة. وكمـا تنقـل عـن ناثـان بيرلمـوتر (من عصبة مقاومـة الافتـراء التابعة لمنظمـة بنـاي بريـث الصـهيونية)، فإنـه يعـرف أن الأصـوليين الإنجيليين يؤمنون بأن على جميع اليهود أن يؤمنوا بالمسـيح، أو يكـون مصيرهم القتـل فـي معركـة هرمجدون!.

وهـي ثغـرة لـم يفكر أحـد مـن أعـداء هـذا التحـالف فـي اسـتغلالها لتقويضـه أو علـى الأقـل إظهار تناقضاته.

من الفكرة للفعل

رغـم أن التحـالـف عـلـى المسـتوى السياسـي بـين اليهـود والإنجلوسكسـون البروتسـتنت في الولايـات المتحدة قديم، إلا أن عصره الذهبي بـدأ على يـد غـاري بـاور المسيحي المحـافظ ووليـام كريسـتول "الأب الروحي" للمثقفين اليهـود في نيويـورك، إذ أصبحا طرفـي تحـالـف قـوي غيـر متوقع باعتبارهما رمزين من رموز اليمين.

وقد وقفا معا في قضايا عديدة إلا أن القضية التي توحدهما الآن هي الكيان الصهيوني وتأييدهما العميق له، وهو تأييد عميق من قبل كل فئات اليمين الأميركي. ويتألف المؤيدون من شرائح متعددة فمنهم الصقور المهتمون بقضايا الأمن القومي، وهؤلاء ينظرون للكيان الصهيوني بوصفه الدولة الديمقراطية الوحيدة في الشرق الأوسط، والحليف الوحيد الذي يمكن أن تعتمد عليه الولايات المتحدة. كما يأتي الدعم والتأييد من المتعصبين الدينيين الذين يعتقدون أنها ارض الميعاد التي وعد الله بإعطائها لليهود.

وقد وجه كثير من المفكرين الذين يقودون ذلك القسم من الحزب الجمهوري الذي يعتبره الرئيس جورج بوش قاعدته السياسية انتقادات عالية الصوت لجهوده للتوصل لتسوية في الشرق

الأوسط، ويرى خبراء الاستراتيجية أن التحول العميق في الحزب الجمهوري لصالح الكيان الصهيوني يعبر عن تحولات أعمق في طبيعة الحزب.

ولأن أغلبية اليهود كانت تصوت لصالح الحزب الديمقراطي فقد كان الرؤساء الجمهوريون قادرين دوماً على الاختلاف مع الكيان الصهيوني. فمثلاً، رفض الجنرال أيزنهاور أن يدعم العدوان الثلاثي على مصر (بريطانيا وفرنسا والكيان الصهيوني) عام 1956، ودخل الرئيس جورج بوش الأب نزاعات متعددة معه.

وقد غرست جذور التفكير اليميني الجديد في الحزب الجمهوري في عهد رونالد ريغان، عندما نجحت نزعته المتطرفة في العداء للشيوعية، ودعوته لبناء شبكة قوية من الدفاع

الصاروخي في جذب مجموعة قوية من المحافظين الجدد المؤيدين للكيان الصهيوني مـن الحـزب الديمقراطي. وتمكن ريغـان الـذي كـان مؤيداً قوياً للكيـان الصـهيوني مـن فـتح البـاب واسـعاً لليمـين المسيحي المحافظ في الحزب الجمهوري.

وفي ما يعتبر حاليا نقطة تحول تاريخيـة في بنـاء التحـالف الجمهوري الجديـد، أعطـى ريغـان مكانا مرموقا للمحافظين المسيحيين عندما قال أمـام مؤتمر للخطباء الأنجليكانيين:

"أنـتم لا تستطيعون أن تعتبرونـي مـنكم، ولكنني اعتبركم مني".

وهذا التيـار الـذي أطلقـه ريغـان بلـغ أشـده الآن، فللمرة الأولـى في تاريخ الحزب الجمهوري توجد هذه المجموعـة القويـة المؤيدة للكيان، وينبع هذا الدعم من علم اللاهوت والأيديولوجيا معاً.

فلكونهم أنجيليكانيون يؤمنون بـ **"الكتاب المقدس"** يؤمنون بـأن الـرب وعـد اليهـود أن يعطيهم الأرض (الفلسطينية).

ولا يخفي الجمهوريون أثر البعد الديني في موقفهم من الكيان الصهيوني، فهم ينسبون تأييد المحافظين إلى عدد من الاعتبارات، ضمنها تأثير اليهـود غيـر المحـافظين وبروز التيـار اليمينـي المسيحي الذي يعتقد بوجوب **"التأييد الكنسي"**، للكيان الصهيوني، وحجم التأييد الذي يتمتع به الآن داخل الكونغرس بات واسعاً بطريقة تشمل الحزبين الرئيسيين وبرامج عملهما.

وهكذا نكون، حسب تعبير سياسي أمريكي، إزاء واحدة من أكثر حالات الزواج التي شهدناها على مر الزمان إثارة بين المجموعة الجديدة من

المحـافظين الجـدد واليمـين المتـدين وهـم يؤيـدون الكيان الصهيوني بحماس.

المسيح والماشيح

رغــم أن تعبيــر "التحــالف المسيحي
اليهودي" لا يعبِّر عن الصورة الكلية فلا شك في
أن له ما يسانده داخل النسق الديني المسيحي، كما
أن مصطلح: "التــراث اليهــودي المسيحي"
يتجاهـل حقائــق دينيـة أساسـية عديـدة يهوديـة،
ومسيحية أيضاً.

فمنذ ظهور المذهب البروتستنتي طرأت تغيرات عميقة على رؤية المسيحيين لليهود واليهودية، في مسيرة من التطورات بدأت بضم التوراة للإنجيل ليصبحا معاً كتاب المسيحية المقدس، وهو منعطف مهد لظهور ما سمي: **"الصهيونية المسيحية"** التي سبق ظهورها ظهور الصهيونية اليهودية.

وكان من التغيرات المهمة في هذا السياق شيوع التفسيرات الحرفية للكتاب المقدس واختفاء التفسيرات المجازية ــ تقريباً ــ وبخاصة فيما يتصل بما يسمى: **"نهاية الأيام"**، فأصبحت عودة المسيح مفهوماً دنيوياً مادياً.

ويذهب كثير من المتخصصين إلى أن المسيح عيسى بن مريم شخص آخر غير **"الماشيح"** الذي ينتظره اليهود، ويفضلون

الإشارة إليه بهذا المصطلح لتأكيد التمايز والاختلاف.

وفي التفسيرات الحرفية أصبحت مملكة المسيح الألفية حدثا حقيقيا ينتظر حدوثه في الدنيا لا رمزاً لمملكة روحية أخروية، رغم قول المسيح عليه السلام في الإنجيل:

"مملكتي ليست من هذا العالم"

تعبيراً عن أنها مملكة روحية لا دولة مدججة بالسلاح من أظافر قدميها لشعر رأسها.!

وقد كان مما عزز الإحساس بأن المصطلح يعبر عن هذه العلاقة بدقة، الدفء الملحوظ الذي سرى في أوصال العلاقة بين الكيان الصهيوني والتيارات المسيحية الصهيونية في الولايات المتحدة الأمريكية خلال العقود القليلة الماضية.

ومما لا يعرفه كثير من المسيحيين أن التطورات التي طرأت على موقف المسيحية والمسيحيين من اليهود واليهودية لم يقابلها تطورات مماثلة في الموقف اليهودي. ففي اليهودية يُشار إلى المسيح (عيسى بن مريم) بكلمة "يِشو" العبرية ، ويُشار إليه في التلمود بوصفه "ابن العاهرة"، كما يُشار إلى أنَّ أباه جنديٌّ رومانيٌّ حملت منه مريم العذراء سفاحاً.

ويشير التلمود إلى أنَّ صلب المسيح تمَّ بناءً على حكم محكمة حاخامية يهودية بسبب دعوته اليهود إلى الوثنية، ولأنه لم يحترم سلطة الحاخامات.

وكلُّ المصادر الكلاسيكية اليهودية تتحمَّل المسئولية الكاملة عن ذلك، ولا يُذكَر الرومان بتاتاً في تلك المصادر.

ومؤخراً أصدر الباحث العربي المعروف الدكتور زياد مني أحد أهم المتخصصين في التاريخ القديم للجماعات اليهودية كتاباً مهماً يحمل عنوان: **"تلفيق صورة الآخر في التلمود: يسوع المسيح والعرب والمسيحيين والأميين"**، وفيه يؤكد أن صورة السيد المسيح والسيدة مريم (عليهما السلام) والمسيحيين والعرب وسائر الأمم وردت بأشكال تحقيرية متعددة في التلمود. لكن مصلحة إسرائيل دعت إلى فرض تعتيم عليها.

ويرى الدكتور زياد مني أن مصلحة إسرائيل فرضت أيضا لجوء بعض الكتاب والمؤرخين اليهود، في منتصف القرن الماضي إلى تحوير بعض الأحداث التاريخية القديمة التي تظهر ارتكاب اليهود جرائم جماعية.

وفي مقدمة الكتاب أشار الدكتور نيقولا زيادة أحد كبار المؤرخين العرب المعاصرين إلى أن التلمود "مرآة صادقة لما ارتآه وأفتى به وأقره أحبار اليهود وحاخاماتهم من حيث علاقة هذه الجماعة بالمسيحيين والأميين". وأضاف أن هذه "علاقة عدائية ابتعادية بل لعلها يصح أن تسمى تحقيرية واضحة المعالم بينة القواعد"، مشيراً إلى أنها "تبيح كل وسائل الاضطهاد أسراً وقتلاً وحرقاً" .

إعادة بناء صورة الماضي

يعيد الدكتور زياد رسم الصورة الحقيقية للتاريخ اليهودي فيؤكد أن اليهودية لم تكن إلى جانب ديانات الإغريق والرومان والكنعانيين الوثنية تسود في بيئة فلسطين، بل كانت هناك طوائف عديدة اقترح لها اسم **"يهودية"** لا يقل عددها عن عشرين جماعة، أي أنه لم يكن في

فلسطين عشية القرن الأول للميلاد عقيدة كتابية واحدة.

ويضيف أن السيد المسيح في التلمود عرف بأسماء منها يسوع ويشوع ويسو ويشو وذلك لعدم اختلاف كتابة السين والشين في العبرية القديمة. ومن حيث الإشارة إلى نعوت المسيح في التلمود الذي كثيراً ما يذكر أشخاصاً أو ممالك بأسماء مستعارة.

يقول منى إن الإشارة إليه، وبخاصة في التلمود الفلسطيني وكتب يهودية أخرى، تأتي في ثلاث صيغ هي:

يشوع بن بنتر

ويشوع بن بنترء

ويشوع بن بندرا

وأحياناً قليلة في بعض أسفار التوراة في صيغة يهوشع أو يهوشوع.

وفي التلمود البابلي إشارة إلى يشوع الناصري الذي علق عشية عيد الفصح، ويذكر كذلك "ابن سطادا". ويترجم المؤلف عن التلمود البابلي في هذا المجال قول الحاخام حسدا الذي توفي سنة 309 ميلادية إن "**بن سطادا كان بن بندرا**"، الزوج "**سطادا**" والعشيق "**بندرا**".

وقال آخر إن الزوج كان "**بافوس بن يهوذا**" و"**سطادا**" أمه أو أمه كانت مريم مزينة الشعر، وذلك كما يقولون في مدينة بمبديتا الأنبار "**سطت دا**" أي كانت خائنة زوجها.

وبنديرا تعني الجندي أو الجندي الروماني، وذلك إمعاناً في التحقير بوصف يسوع المسيح بأنه ابن غير شرعي وأن الأب أدنى أعدائهم منزلة.

والتلمـود لا ينفـي أعمـال يسـوع المسـيح العجائبية بل يؤكدها، لكنه لا يردها إلى قوى إلهية، بـل إلى قوى سـحرية زعم أن يسوع تعلمها في مصر.

ويقول منى إن هناك باحثين، على رأسهم ملحـدون ويهـود، يرفضـون تاريخيـة يسـوع أي وجوده فعـلاً فـي التـاريخ، بينمـا يـرفض الكتـاب اليهود اعتبار النصوص المذكورة إشارات تاريخية معتمدة.

والسبب في ذلك واضح تماماً لما تسببه من إحراج، في الوقت الذي يشهد هذا العصر تقارباً بروتستانتياً يهودياً لا مثيل له، تمثّـل في احتضان

بريطانيا والولايات المتحدة للمشروع الصهيوني، وتمكنهما من إجبار الكنيسة الكاثوليكية ممثلة ببابا روما على الخضوع للابتزاز اليهودي.

أما موقف التلمود من المسيحيين والأميين عامة – أي غير اليهود – ففيه تشديد على عدم التعامل معهم إلا لما فيه مصلحة لليهود، ودعوة إلى الخوف منهم لأنهم **"أشرار"**.

فاليهودي مثلاً، يمنع من أكل طعام الأميين وعليه تجنب دخول منازلهم لأنها دنسة وكتبهم الدينية يجب أن تحرق. ويطلق التلمود وكتب يهودية أخرى نعوتا مختلفة على العرب منها على سبيل المثال كما قال المؤلف **"أمة شفلة"** أي أمة سفلى أو منحطة.

بل إن كبير الحاخامات راب قال حوالي سنة 250 ميلادية إن يهوه ندم على أربعة أمور خلقها:

"السـبي البـابلي، والكلـدانيين، والعـرب (نسـل إسماعيل)، ونزعة الشر". واستعمل التلمود كلمـة عربي مرادفا لتعبير المعتدي.

وقـد ظهـرت كتـب يهوديـة أخـري مثـل "توليدوت يشو" أي (ميلاد المسيح)، وهي أكثر سوءاً مـن التلمـود نفسـه وتتهم المسيح بأنَّـه سـاحر. واسم المسيح نفسه في اليهودية (يشو) اسم مقيت. لكنـه يُفسَّـر علـى أنَّـه كلمـة مركَّبـة مـن الحـروف الأولى لعبارة معناها: "ليفن اسمه ولتفن ذكراه".

وقد أصبحت الكلمـة عبارة قدح في العبريـة الحديثة، فيُقال مثلا "ناصر يشو"، وهي تسـاوي "ليفن اسم ناصر، ولتفن ذكراه"... وهكذا.

وكتـاب: "توليدوت يشُّو" (حيـاة المسيح) كـان متداولاً بـين أعضـاء الجماعـات اليهوديـة في

العصور الوسطى في الغرب، وهو يُقدِّم التصور اليهودي لمولد المسيح وحياته، وصورته فيه تداخلت فيها عدة عناصر لتكوِّن صورته من بينها بعض أقسام التلمود، وبعض فتاوى الفقهاء اليهود، وبعض العناصر الفلكلورية المنتشرة بين أعضاء الجماعات اليهودية.

ويُقدِّم الكتاب أحياناً صورة إيجابية إلى حدٍّ ما للعذراء مريم أم المسيح، فهي من عائلة طيبة وتعود جذورها لبيت داود، أما أبو المسيح فهو رجل شرير اغتصبها ثم هرب.

وتُبيِّن القصة أن المسيح شخص يتمتع بذكاء عال، لكنه لا يحترم شيوخ البلد وحكماءها. وهو يتمتع بمقدرات عجائبية لأنه سرق أحد الأسماء السرية للإله من الهيكل اليهودي، ومع هذا ينجح أحد فقهاء اليهود في إبطال سحره!

وفي الكتاب تفاصيل أخرى أكثر بشاعة وقبحاً.

ويهدف الكتاب إلى تفريغ قصة السيد المسيح عليه السلام من أي معنى روحي، كما أنه يحاول تفسير المعجزات التي تدور حدثت على يديه بطريقة تنزع عنها أيَّ هالات دينية.

وخلال القرون الوسطى كان هذا الكتاب يُسبِّب كثيراً من الحرج للجماعات اليهودية حينما تكتشف السلطات أمره، ولذا كان بعض الحاخامات يحرصون على تأكيد أن يسوع المشار إليه في الكتاب ليس المسيح، وإنما شخص يحمل هذا الاسم عاش قرنين قبل الميلاد.

وقد أُعيد طبع كتاب "**توليدوت يشو**"، وتوزيعه على نطاق واسع في الكيان الصهيوني، الأمر الذي يعني أن الكيان الصهيوني إعادة بعث

لأسوأ ما في تاريخ الجماعات اليهودية، وأن الصورة المقيتة لليهود في ثقافة القرون الوسطى الأوروبية لها ما يبررها.

وهو في النهاية يجعل دور الدين في نشأة الكيان الصهيوني واستمراره موضع إعادة تقييم بوصفه أحد المقومات الرئيسة لاستمرار المشروع الصهيوني.

إمكانات تخريب التحالف

حالياً، تشهد إسرائيل حالة قلق على الهوية بسبب مئات الآلاف من المسيحيين هاجروا إليها خلال هجرة اليهود الروس، وهؤلاء في نظر المتطرفين من الصهاينة المتدينين يهددون الطابع اليهودي للدولة. كما تشهد تزايداً ملحوظاً في النشاط التبشيري المسيحي قوبل برد فعل عنيف من المتدينين الذين يطالبون بحظره.

وشهدت إحدى المدارس الإسرائيلية تمزيق نسخ من الأناجيل وزعها مبشرون غربيون على طلابها.

وإذا كنا قد فاتنا أن نولي الاهتمام الكافي للمعاناة التي يكابدها مسيحيو فلسطين كدليل على عنصرية إسرائيل، فإن هذا الموقف الذي تبلغ فيه الإساءة للسيد المسيح عليه السلام حد الفحش الشديد، ستكون أكثر قدرة على التأثير في شرائح مهمة من الرأي العام الغربي.

ورغم أن التحالف مركب فيه جوانب نفعية محض وفيه جوانب لاعقلانية لا تتأثر بالحجة والمنطق، فإن التأثير فيه ممكن، وبخاصة مع محاولة الكيان الصهيوني تصوير نفسه واحة للديموقراطية وحرية الأديان.

وقد شهدت انتفاضة الأقصى اعتداءات متكررة على مدن فلسطينية معروف بأن النسبة الأكبر من سكانها مسيحيون، كما أنها لا تفرق في سياساتها القمعية بين مسلمي فلسطين ومسيحييها.

وخلال الهجوم على كنيسة المهد منع فيها قداس الأحد، للمرة الأولى منذ إنشائها. وقد تعرضت لاعتداءات تشكل تحولاً تاريخياً في موقف إسرائيل من المسيحيين والمسيحية.

ولعل مما يلخص دلالات الحدث قول وزير خارجية روسيا إيغور إيفانوف الاعتداء الإسرائيلي على بيت لحم قائلاً إنها: **"حرب قذرة في أرض مقدسة".**

والتناقض الخطير بين طرفي التحالف لم يحظ بقدر كاف من إلقاء الضوء عليه، فبالنسبة لكثير من المسيحيين الغربيين الذين يؤيدون الكيان

الصهيوني لأسباب دينية، اعتقاداً منهم بأن قيامه يؤكد صدق الكتاب المقدس، تشكل مثل هذه الحقائق **"صدمة معرفية"**، وهي صدمة من المؤكد أنها قادرة على حرمان الصهاينة من تأييد شرائح غير قليلة من المجتمعات الغربية.

وقد يكون من المفيد أن تفكر حركة من الحركات الشعبية العربية العاملة في مجال مناهضة المشروع الصهيوني في ترجمة كتابات مثل: **"توليدوت يشو"** إلى أكبر عدد ممكن من اللغات الغربية: (الإنجليزية ـ الفرنسية ـ الإيطالية ـ الإسبانية ـ البرتغالية ـ الروسية)، والعمل على إيصاله إلى أكبر عدد ممكن من رجال الدين المسيحيين في كل المذاهب الغربية.

أما ترجمته للعربية فهي عامل مساعد على محاولات صهيونية تتكرر من آن لآخر تستهدف نشر المفاهيم الصهيونية بين المسيحيين العرب.

ممدوح الشيخ (تعريف):

- ممدوح الشيخ

- مفكر

- نشر له مئات المقالات والدراسات في عشرات الدوريات العربية.

- صدر له أكثر من عشرين مؤلفاً في القاهرة وبيروت ومسقط.

- نال جوائز مصرية وعربية في الشعر والمسرح والرواية.